Alka Parikh
Sumit Singh
Krati Agrawal

A história do crescimento da Índia: Sectorialmente

Alka Parikh
Sumit Singh
Krati Agrawal

A história do crescimento da Índia: Sectorialmente

ScienciaScripts

Imprint

Cover image: www.ingimage.com

This book is a translation from the original published under ISBN 978-3-659-60960-2.

Publisher:
Sciencia Scripts
is a trademark of
Dodo Books Indian Ocean Ltd. and OmniScriptum S.R.L publishing group

120 High Road, East Finchley, London, N2 9ED, United Kingdom
Str. Armeneasca 28/1, office 1, Chisinau MD-2012, Republic of Moldova, Europe
Printed at: see last page
ISBN: 978-620-7-70817-8

ÍNDICE DE CONTEÚDOS

Introdução

A Índia era uma nação subdesenvolvida aquando da sua independência. Atualmente, tornou-se uma das economias de crescimento mais rápido do mundo e é classificada como uma economia emergente. Este documento analisa os dados para estudar a forma como a economia mudou ao longo dos anos para chegar a esta fase. Procura-se aqui identificar os principais factores de mudança. Para tal, é analisada a contribuição setorial de cada um dos três sectores básicos. Normalmente, os estudos têm analisado a contribuição de um determinado sector de base para o rendimento nacional, mas nenhum até agora analisou a evolução dessas contribuições ao longo das últimas seis décadas e, consequentemente, identificou os sectores responsáveis pelo crescimento da Índia. O presente documento procura identificar esses sectores.

O documento tenta também associar os acontecimentos a cada curva de crescimento de cada sector. Por outras palavras, documenta os principais acontecimentos/mudanças importantes nas políticas governamentais que moldaram o processo de crescimento da Índia. Por outras palavras, conta-nos a história do crescimento da Índia e dos seus principais sectores. A história foi contada com a ajuda de dados.

O documento está organizado da seguinte forma: A Secção 1 examina os dados relativos à economia em geral e destaca os principais acontecimentos que afectaram a direção do crescimento. A secção 1.2 identifica os sectores que mais contribuíram para o processo de crescimento. A secção 1.3 examina a estabilidade destes sectores para verificar se podem constituir uma base fiável para um crescimento estável. A última parte da secção (1.4) analisa os dados das séries cronológicas sobre o crescimento para determinar como devem ser divididos os períodos de tempo para estudar o processo de crescimento.

Nas restantes secções é apresentada uma descrição pormenorizada das tendências de crescimento de cada sector e dos acontecimentos que as provocaram. A secção 2 trata do sector agrícola. Demonstra como, ao longo dos anos, a agricultura indiana cresceu e quais foram os contratempos que teve de enfrentar. A secção está dividida em subsecções que apresentam os progressos do sector por década. O mesmo padrão é seguido nas secções 3 e 4 para a indústria e os serviços. A última secção apresenta um resumo e uma conclusão.

CAPÍTULO 1

1.1. Crescimento da economia indiana

Nesta secção, é apresentada uma breve descrição da história do crescimento da Índia para explicar a curva apresentada na figura 1.

Quando a Índia se tornou independente em 1947, a sua economia era maioritariamente rural e agrária. A pobreza era generalizada e a esperança de vida era de apenas 38 anos (ONU, 2008). A agricultura continuou a ser o sector mais importante durante, pelo menos, mais duas décadas. Durante esse período, a agricultura empregava mais de 70% da população ativa.

A Índia decidiu tornar-se uma democracia socialista. Começou com uma economia planificada, em que o governo controlava fortemente a economia. Os primeiros planos quinquenais foram elaborados com o objetivo de criar autossuficiência com uma economia fechada. Tendo sofrido com as mãos dos colonizadores que vieram como comerciantes, a nação recém-independente desconfiava muito de qualquer comércio com estrangeiros. Queriam fabricar o maior número possível de produtos a nível nacional, para que a dependência de forças externas fosse mínima. Além disso, foi utilizado o argumento da indústria nascente - se não se protegessem os novos industriais inexperientes da concorrência externa implacável, nunca conseguiriam criar raízes.

Seguindo o modelo russo, foi dada grande prioridade à construção dos alicerces da economia. Uma vez que o sector privado não dispunha de muito capital ou capacidade, o governo assumiu a responsabilidade de lançar as bases da economia. O dinheiro deixado pelos britânicos foi utilizado e foi adquirido mais dinheiro através de subvenções e ajudas, bem como de empréstimos. O governo iniciou grandes projectos, como barragens, indústrias pesadas e projectos de energia. Durante este período, foram igualmente construídos institutos de ensino superior, de cuidados médicos terciários e de investigação. A Índia registou frequentemente taxas de crescimento de 4-7% durante este período (figura 1). A taxa de crescimento decenal ligeiramente superior a 4% foi algo que a Índia não conseguiu alcançar nas duas décadas seguintes (1960-80). A euforia inicial da liberdade parece ter tido um forte impacto no crescimento global!
As duas décadas seguintes foram décadas perdidas para a Índia - os anos 60 foram caracterizados por guerras (1962 com a China e 1964-65 com o Paquistão) e secas (1964-65 e 1965-66). Após 1970, as políticas governamentais e a corrupção prejudicaram e reduziram a produtividade da economia. A economia desenvolveu-se a um ritmo lento (figura 1) - a que se chamou, de forma jocosa, "taxa de crescimento hindu". A década de 1970 foi também a década dos choques petrolíferos e das consequentes perturbações económicas provocadas pela inflação; da declaração de emergência e da restrição dos

direitos dos cidadãos; e da incerteza política durante o regime do governo Janata. Tal como mostra a figura 1, as flutuações do PIB durante este período foram violentas, mas a taxa média de crescimento manteve-se baixa.

Figura 1. PIB líquido em termos anuais

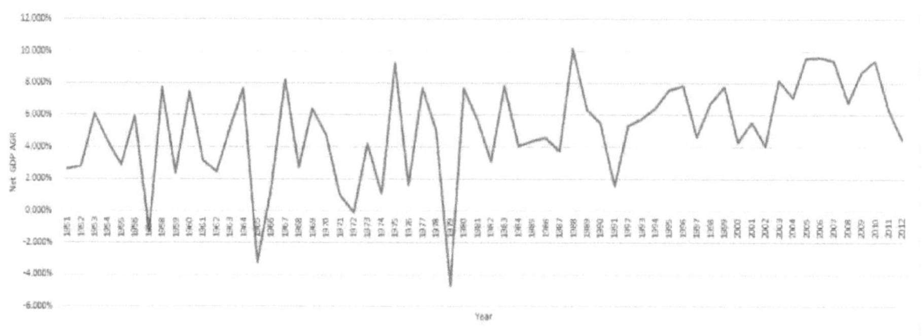

Fonte: Cálculos do autor; Dados: Componentes do Produto Interno Bruto (PIB) na Índia {(A Custo dos Factores) (1950-1951 a 2014-2015)} - Parte I, II e III; indiastat.com

Após o assassinato de Indira Gandhi, em 1984, cuja mão de ferro tinha manietado as empresas, as esperanças aumentaram. Quando o novo governo começou a afrouxar o controlo do Estado sobre a economia, deu-se o boom. Os mercados de acções começaram a subir e a economia indiana começou a crescer. Infelizmente, alguns políticos aproveitaram-se da economia forte e da instabilidade dos governos e contraíram empréstimos avultados junto de fontes externas. Em 1991, a Índia viu-se subitamente à beira da falência.

A Índia teve de pedir dinheiro emprestado ao FMI para evitar a falência. O FMI impôs à Índia um programa de ajustamento estrutural. Curiosamente, a economia foi firmemente colocada na via da liberalização, da globalização e da privatização em 1991 devido a esta insistência do FMI. Inicialmente, o seu impacto parecia devastador - a taxa de crescimento do PIB caiu para menos de 2 (figura 1). Após o choque inicial, a economia recuperou e começou a crescer. A economia cresceu a uma taxa de 6-7% por ano a partir de 19941999. A única exceção foi 1997, o ano da crise do Sudeste Asiático. O choque foi de curta duração para a economia indiana.

O boom dos mercados mundiais fez com que as taxas de crescimento indianas aumentassem para 8-9% entre 2003 e 2007. Depois de ter sido ligeiramente afetada pela recessão de 2008, a Índia voltou a crescer 8-9% nos dois anos seguintes. Mas, desde então, o abrandamento tem vindo a afetar a economia. A produção industrial quase não tem crescido - a taxa é de apenas 1%. A recuperação registada a partir de

2016 é lenta.

As taxas de crescimento anual registaram grandes flutuações ao longo destas décadas - o mínimo foi de 4,64% em 1979 e o máximo de 10,16% em 1988.

1.2. Contribuição setorial para o crescimento

A história do crescimento da Índia acima referida é bem conhecida e repetida muitas vezes nos círculos académicos indianos. No entanto, para compreender plenamente o processo de crescimento, é igualmente necessário examinar as componentes de uma economia. Nesta secção, é analisada a contribuição de três sectores básicos - agricultura, indústria e serviços - para o PIB líquido. Como mostra a figura 2, após a independência, até 1965, o sector agrícola foi o que mais contribuiu para o PIB indiano. Até então, a Índia era uma "economia tradicional" (como diria a economia tradicional), ou seja, a economia dependia do sector primário.

No final da década de 1950, os serviços começaram a crescer e, em meados de 1960, ultrapassaram a agricultura. Na segunda metade da década de 1960, manteve-se superior à agricultura, exceto em dois anos - 1967 e 1970. Após 1970, os serviços tornaram-se o sector mais importante da economia. A Índia podia então ser designada como uma "economia de transição" porque a economia era impulsionada por um sector não primário (o sector terciário). A economia estava a passar por uma mudança.

Não se tratava ainda de uma "economia moderna" porque a agricultura era ainda muito importante. O sector secundário era ainda mais pequeno do que o primário. Mas o processo de mudança já tinha começado.

Figura 2. Contribuição do sector para o PIB líquido por ano

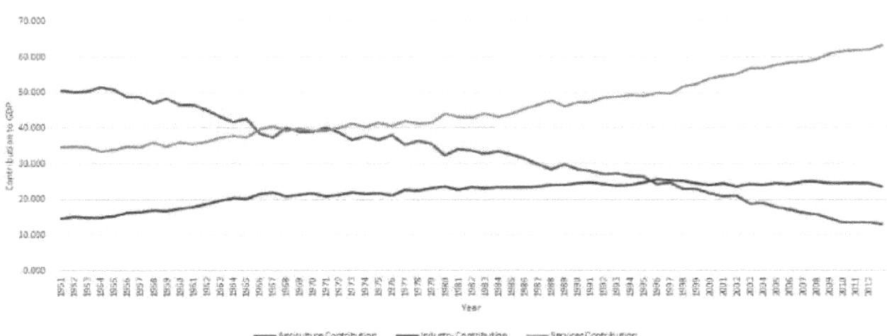

Fonte: Cálculos do autor; Dados: Componentes do Produto Interno Bruto (PIB) na Índia {(A Custo dos Factores) (1950-

1951 a 2014-2015)} - Parte I, II e III; indiastat.com

A contribuição das indústrias aumentou após a década de 1970, mas desde então a sua quota não se alterou muito. Assim, não foi o facto de a quota-parte das indústrias ter aumentado muito rapidamente ao longo dos anos que alterou a estrutura da economia indiana. A agricultura começou a diminuir à medida que os serviços foram assumindo essa quota-parte. Em 1995, a importância da agricultura tinha diminuído muito, o que permitiu que o sector industrial, quase estagnado, ocupasse o segundo lugar nos sectores básicos. Em 1995, a economia indiana já não era uma economia agrária; a maior parte do seu rendimento provinha de sectores não agrícolas. Assim, a Índia tornou-se uma "economia moderna", com a contribuição do sector terciário a ser máxima, seguida do sector secundário e depois do primário. Os anos desta transição estão registados no quadro 1.

Quadro 1. Transição da economia indiana

Year	Type of Structure
1950 – 1965	A>S>I (**Traditional**)
1971 – 1994	S>A>I (**Transitional**)
1995 onwards	S>I>A (**Modern**)

Fonte: Proposta do autor

* 1965-1970 alternou entre a economia tradicional e a economia de transição

A questão que se coloca é a seguinte: qual foi o sector que mais contribuiu para o crescimento da Índia?

Que sector foi o motor do crescimento da Índia?

Normalmente, ao calcular o crescimento aritmeticamente, podemos definir a variação do PIB de 1950 a 2012 como

$$\frac{\Delta G}{G_1} = \frac{G_{2012} - G_{1950}}{G_{1950}} = \frac{A_{2012} + I_{2012} + S_{2012} - (A_{1950} + I_{1950} + S_{1950})}{A_{1950} + I_{1950} + S_{1950}}$$

$$= \frac{(A_{2012} - A_{1950}) + (I_{2012} - I_{1950}) + (S_{2012} - S_{1950})}{A_{1950} + I_{1950} + S_{1950}}$$

$$= \frac{(A_{2012} - A_{1950})}{A_{1950} + I_{1950} + S_{1950}} + \frac{(I_{2012} - I_{1950})}{A_{1950} + I_{1950} + S_{1950}} + \frac{(S_{2012} - S_{1950})}{A_{1950} + I_{1950} + S_{1950}}$$

Em que G: PIB líquido, A: PIB da agricultura, I: PIB da indústria, S: PIB dos serviços.

Se juntarmos os números de cada sector, obtemos 19.954 = 2.2248 + 4.816 + 12.913 where ΔG = 19.954, ΔA = 2.2248, ΔI = 4.816 and ΔS = 12.913.

Normalizando a equação acima e convertendo-a em percentagem, obtemos 100 = 11 + 24 + 64,7.

Assim, a contribuição da agricultura, da indústria e dos serviços é de 11%, 24% e 64,7%, respetivamente, para o crescimento da Índia entre 1950 e 2012. Isto implica que o sector dos serviços foi o que mais contribuiu para o PIB líquido nos últimos 62 anos, seguido da indústria e depois da agricultura. Os serviços conduziram a economia indiana a um crescimento fenomenal, apoiado pela indústria, não sendo a agricultura um fator importante.

No entanto, este método não tem em conta todos os anos intermédios. Depende apenas dos dados do primeiro e do último ano para calcular a contribuição setorial. Para garantir que a composição de cada ano é considerada para identificar os verdadeiros contribuintes para o crescimento da Índia, é utilizada a análise de regressão multivariada.

É efectuada uma análise de regressão das taxas de crescimento anual do PIB líquido e do PIB setorial de cada um dos três sectores para o período 1951-2012.

Taxa líquida de crescimento do PIB = β_1 Taxa de crescimento da agricultura + β_2 Taxa de crescimento da indústria + $\beta\gamma_1$ Taxa de crescimento dos serviços

Tabela 2. Resultados da regressão

R^2 = 0,969.

Sector	coefficient(β)	t stat
Agriculture	0.344	28.252
Industry	0.164	5.793
Service	0.637	17.039

Fonte: Cálculos do autor; Dados: Componentes do Produto Interno Bruto (PIB) na Índia {(A Custo dos Factores) (1950-1951 a 2014-2015)} - Parte I, II e III; indiastat.com

Os coeficientes mostram a importância da contribuição de cada sector para o crescimento do PIB. Pode concluir-se do resultado acima que o sector dos serviços foi o que mais contribuiu (o β é 64) para o crescimento do PIB. Mas o segundo sector que mais contribui é a agricultura (β = 34). Agora é a indústria que contribui menos. Este resultado mostra que o crescimento da Índia assentou mais no crescimento da agricultura do que no crescimento da indústria transformadora. Este é um ponto muito importante para os decisores políticos. A agricultura tem sido um sector mais forte e mais significativo da Índia do que a indústria.

Curiosamente, a importância da agricultura é evidente no comportamento da economia indiana ainda hoje: quando a agricultura vacila (por exemplo, durante períodos de seca grave), a economia indiana também vacila - as taxas de inflação sobem e, consequentemente, as taxas de crescimento sofrem. Pelo contrário, se um abrandamento da indústria transformadora for acompanhado de uma boa monção e, por conseguinte, de uma boa produção agrícola, a perturbação causada na economia é menor. Se o sector dos serviços é o braço e as pernas da Índia que a fazem avançar, a agricultura é o ombro que transporta a economia. A Índia está mais ligada ao seu sector primário do que ao seu sector secundário.

Diz-se frequentemente que a Índia saltou a segunda fase do processo de crescimento - o crescimento da indústria transformadora. Saltou diretamente do sector primário para o sector terciário. O processo de crescimento tem sido, portanto, fraco. Diz-se também que esta bolha do sector dos serviços vai rebentar em breve. Pensamos que uma economia cresce de acordo com os seus pontos fortes. A Índia saltou para o sector dos serviços porque esse parece ser o seu principal ponto forte. E este sector próspero assenta na base do sector primário. O facto de o sector secundário não se ter expandido muito não faz com que todo o processo se assemelhe a uma bolha. O sector dos serviços tem vindo a crescer de forma constante há quase 46 anos - as "bolhas" não podem durar tanto tempo. A Índia provou que as economias podem manter-se robustas e crescer rapidamente mesmo quando o sector terciário se baseia mais no sector primário.

1.3. Qual é o grau de estabilidade do crescimento dos sectores?

Quando olhamos para a estabilidade do crescimento - tomando as flutuações em torno da média (média/desvio padrão) para cada um dos três sectores para o período 1950-2012, descobrimos que as flutuações são as mais para a agricultura (tabela 3). Isto é compreensível dada a dependência do sector de factores naturais imprevisíveis. A Índia é constituída principalmente por regiões tropicais semi-áridas, onde as secas são frequentes. Os rios não são muito numerosos nestas regiões e, por conseguinte, a irrigação não tem sido suficiente. Por outro lado, as inundações ocorrem regularmente em regiões com abundância de água. Todos estes factores, em conjunto, tornam a agricultura indiana altamente volátil.

Curiosamente, as incertezas enfrentadas pelas indústrias estão a revelar-se maiores do que as do sector dos serviços (quadro 3). Este facto é surpreendente, uma vez que os serviços se baseiam num capital mais pequeno e, por conseguinte, poderiam ser mais vulneráveis. O nosso palpite é que a produção industrial se tornou volátil devido aos problemas laborais enfrentados pelas indústrias do sector organizado na Índia.

Quadro 3. Flutuação dos sectores em torno da média

Sector	Fluctuations around mean
Agriculture	285.1583388
Industry	53.65366746
Service	37.79139427

Fonte: Cálculos do autor; Dados: Componentes do Produto Interno Bruto (PIB) na Índia {(A Custo dos Factores) (1950-1951 a 2014-2015){ - Parte I, II e III; indiastat.com

Os dados estabelecem que o sector dos serviços é não só o sector de crescimento mais rápido, mas também o sector mais estável da Índia.

1.4. Divisão dos períodos do processo de crescimento:

Antes de entrarmos no processo de crescimento setorial para cada sector, temos de determinar a forma como os períodos de crescimento serão divididos. Em termos gerais, a Índia passou por algumas fases de crescimento distintas: 1950-65 (a primeira fase de crescimento); 1970-1984 (o regime restritivo); 1984-1990 (a flexibilização gradual dos controlos); 1991-2002 (a era pós-liberalização); 2003-2008 (o boom) e a partir de 2008 (o abrandamento).

Os anos são muito poucos nalgumas fases. Este facto não é passível de análise estatística. Uma alternativa é efetuar uma análise decadal. Para determinar se uma análise decenal seria significativa (ou seja, se os padrões de crescimento são suficientemente variados para serem discutidos separadamente), foi efectuado um teste t emparelhado. Os resultados são apresentados no quadro 4. Como se pode ver, todos os valores de P são estatisticamente muito significativos. Por conseguinte, pode concluir-se que cada década teve um padrão de crescimento diferente. Os sectores podem ser estudados por década para compreender os acontecimentos que os moldaram.

Tabela 4. Observações do teste t emparelhado

Period	Agriculture		Industry		Service	
	t stat	P(T<=t) one-tail	t stat	P(T<=t) one-tail	t stat	P(T<=t) one-tail
1950-59 to 1960-69	-8.492	6.85E-06	-20.730	3.31E-09	-19.122	6.74E-09
1960-69 to 1970-79	-7.796	1.36E-05	-17.538	1.44E-08	-22.429	1.65E-09
1970-79 to 1980-89	-9.029	4.16E-06	-12.686	2.39E-07	-11.023	7.91E-07
1980-89 to 1990-99	-18.428	9.33E-09	-14.694	6.75E-08	-12.105	3.58E-07
1990-99 to 2000-09	-18.318	9.84E-09	-10.232	1.48E-06	-10.157	1.57E-06

Fonte: Cálculos do autor; Dados: Componentes do Produto Interno Bruto (PIB) na Índia {(A Custo dos Factores) (1950-1951 a 2014-2015)} - Parte I, II e III; indiastat.com

Uma nota sobre os cálculos para as secções seguintes: Para cada sector, as taxas de crescimento médias de cinco anos são calculadas através da média das taxas de crescimento anual do PIB para esses 5 anos. A regressão semi-log é calculada para o período de 10 anos. O modelo de regressão semi-log simples utilizado é o seguinte

$$\log(GDP) = intercept + \beta.\ year + e$$

CAPÍTULO 2

2.1. Agricultura

A Índia era uma economia agrária quando os britânicos partiram. A agricultura era a principal fonte de rendimento e de ocupação. A agricultura contribuiu com cerca de 50% para o PIB nacional durante este período e mais de 70% da população ativa total estava envolvida na agricultura. Mas a agricultura estava subdesenvolvida devido à exploração pelos britânicos durante cerca de 200 anos. O seu sistema de propriedade fundiária empobreceu enormemente o agricultor indiano. A maior parte da população não tinha formação académica. A esperança de vida era muito baixa e os surtos epidémicos eram frequentes. Destas profundezas de miséria, estava para emergir uma nova Índia.

2.2. Década - 1951 -1960

Em 1950, foi apresentado um projeto de lei para abolir o sistema zamindari e os agricultores sentiram que seriam livres de cultivar as suas terras. A reforma agrária tinha por objetivo abolir os intermediários e devolver as terras aos verdadeiros agricultores.

Durante este período, foram lançados vários novos programas para promover a investigação e o ensino no domínio da agricultura. A Índia assinou tratados bilaterais com outras nações para promover a sua agricultura. Por exemplo, o governo dos EUA ajudou a promover a investigação e o ensino no domínio da agricultura na Índia. A Fundação Rockefeller ajudou a abrir o Instituto Indiano de Investigação Agrícola (IARI) em 1956, que se dedicava à investigação para melhorar as variedades de cereais alimentares. (Saha, 2013).

O desenvolvimento mais importante durante este período foi o início da construção de grandes barragens, que mais tarde ajudariam a Índia a dar início à revolução verde. No entanto, não foram criados programas imediatos para impulsionar a agricultura. A Índia não era autossuficiente em termos alimentares - alguns cereais alimentares tiveram de ser importados ao longo da década de 1950. A produção não era capaz de suportar a população crescente da Índia. Devido à baixa produtividade e à pobreza, os níveis de investimento do capital privado permaneceram baixos, não permitindo a utilização de maquinaria dispendiosa, fertilizantes químicos e pesticidas. Apesar de tudo isto, a taxa de crescimento rondou os 3% (quadro 5). (Agrawal, 2013). Como já foi dito, a magia da liberdade transcendeu toda a economia.

Quadro 5. Taxas médias de crescimento

Year	Average Growth Rates (in %)
1951-1955	3.035%
1955-1960	3.460%
1951-1960	3.247%

Fonte: Cálculos do autor; Dados: Componentes do Produto Interno Bruto (PIB) na Índia {(A Custo dos Factores) (1950-1951 a 2014-2015)} - Parte I, II e III; indiastat.com

2.3. Década - 1961 - 1970

Figura 3. Taxa de crescimento anual da agricultura (1961-70)

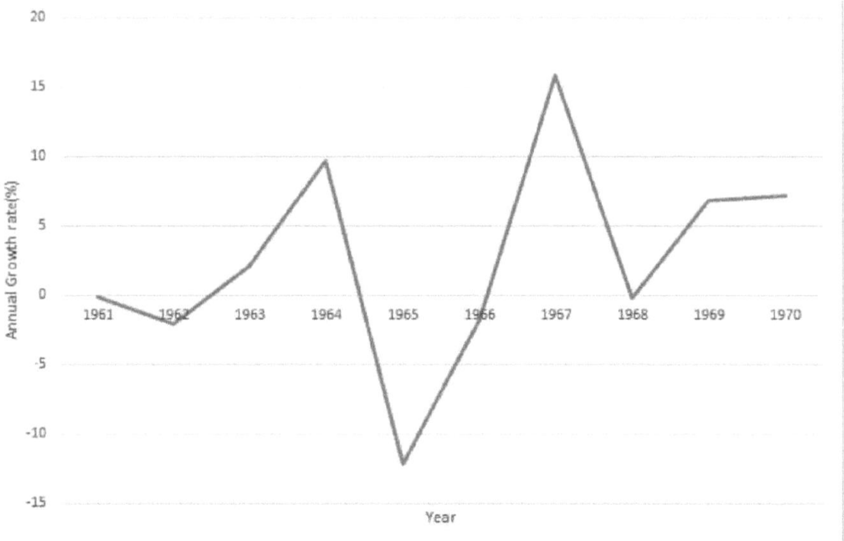

Fonte: Cálculos do autor; Dados: Componentes do Produto Interno Bruto (PIB) na Índia {(A Custo dos Factores) (1950-1951 a 2014-2015)} - Parte I, II e III; indiastat.com

A lei relativa à limitação da propriedade fundiária, dos anos 60, estabeleceu um limite máximo para a propriedade fundiária e contribuiu para a redistribuição dos excedentes de terra aos agricultores sem terra. Por esta altura, outras leis sobre a posse da terra começaram também a influenciar a paisagem agrícola. No entanto, a guerra com a China em 1962 perturbou o processo de crescimento - o investimento público diminuiu, o que conduziu a uma quebra das taxas de crescimento. A guerra com o

Paquistão, em 1964, e as graves secas registadas durante dois anos consecutivos, de 1965 a 1967, devastaram a agricultura indiana (figura 3) e, consequentemente, toda a economia. As secas de 1965-67 são das piores secas que a Índia independente enfrentou. As taxas de crescimento para estes anos foram de menos 12,14% e menos 1,8%, respetivamente. O elevado crescimento registado no ano seguinte não foi causado por um acontecimento extraordinário - a produção agrícola voltou a atingir o seu nível normal após ter recuperado da seca dos anos anteriores. A boa monção trouxe a agricultura de volta ao normal.

A revolução verde foi iniciada por volta de 1968. Foi implementada em Punjab, Haryana e

Uttar Pradesh Ocidental devido à garantia de abastecimento de água (graças às barragens construídas em 195064). Este facto fez aumentar consideravelmente a produção de trigo. Entre 1968 e 1970, a produção de trigo registou um aumento de 27,77% (quadro 7). A taxa de crescimento da agricultura aumentou para mais de 5%.

A taxa de crescimento decenal manteve-se baixa, em 2,2% (quadro 6), devido aos acontecimentos perturbadores registados até meados da década e à revolução verde que só ocorreu no final.

Quadro 6. Taxas médias de crescimento

Year	Average Growth Rates (in %)
1961-1965	-0.490%
1965-1970	5.566%
1961-1970	2.240%

Fonte: Cálculos do autor; Dados: Componentes do Produto Interno Bruto (PIB) na Índia {(A Custo dos Factores) (1950-1951 a 2014-2015){ - Parte I, II e III; indiastat.com

Há que registar outro acontecimento importante do final da década de 1960 que viria a ter grandes implicações para a agricultura indiana nas décadas seguintes. Em 1969, o governo indiano nacionalizou 14 grandes bancos privados. A banca passou a pertencer totalmente ao sector público, não sendo permitidos bancos privados. Este facto ajudou a canalizar o crédito para a agricultura e para as pequenas e médias indústrias. A expansão das sucursais para as zonas rurais também ocorreu a um ritmo acelerado. O dinheiro para a revolução verde foi assim disponibilizado aos agricultores.

2.4. Década -1971 -1980

A produção em 1971-72 diminuiu devido a uma seca ligeira. A produção de trigo e de arroz aumentou apenas marginalmente; registou-se uma queda acentuada da produção de cereais alimentares grosseiros e de leguminosas (estes dois últimos são largamente cultivados nas regiões tropicais semi-áridas, que foram afectadas pela seca ligeira). O comportamento errático das monções em 1972 causou muitos danos às culturas da kharif e a produção de 1972 continuou a diminuir. A fim de compensar esta perda, o Governo lançou um programa de emergência para aumentar a produção estival. Este programa resultou num aumento substancial da produção e a taxa de crescimento para 1973 foi de 7,75% em comparação com -5,29% em 1972 (figura 4) (Ministério das Finanças)

Figura 4. Taxa de crescimento anual da agricultura (1971-80)

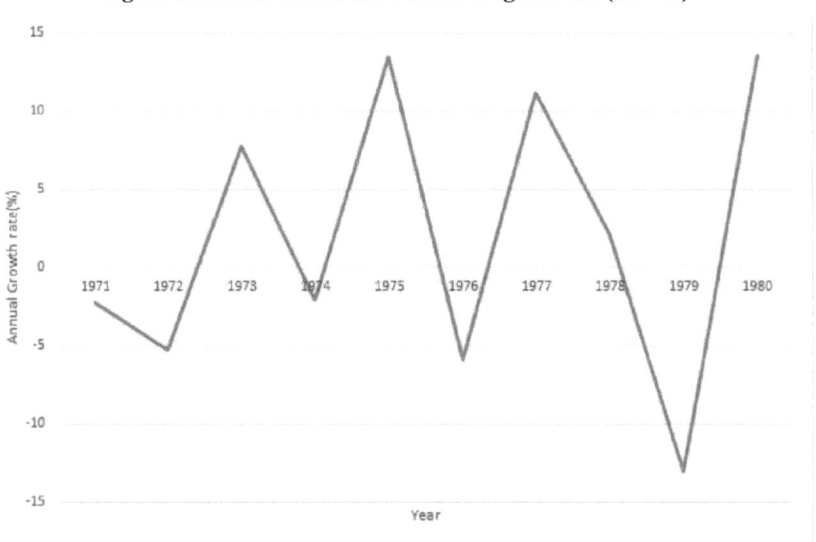

Fonte: Cálculos do autor; Dados: Componentes do Produto Interno Bruto (PIB) na Índia {(A Custo dos Factores) (1950-1951 a 2014-2015)} - Parte I, II e III; indiastat.com

As monções continuaram a falhar durante toda esta década, registando-se uma quebra na produção em cada ano alternado. Em 1979, registou-se uma grande seca que provocou uma nova quebra da produção. O aumento global da produção foi de cerca de 2% por ano durante a década (quadro 8). Isto deve-se ao facto de 5 em cada 10 anos terem enfrentado um ou outro problema natural nesta década.

A revolução verde estava a espalhar-se nesta década, mas não atingiu todas as culturas - apenas o trigo e, em certa medida, o arroz. Assim, as culturas cultivadas nos trópicos semi-áridos da Índia não beneficiaram. A desigualdade regional aumentou. Do mesmo modo, foi inicialmente adotado apenas pelos grandes e médios agricultores. Este facto aumentou fortemente a desigualdade de rendimentos. Foram concedidos subsídios elevados aos fertilizantes químicos para aumentar o seu consumo. Os efeitos ambientais adversos desta medida viriam a revelar-se mais tarde.

Mas os anos setenta não foram isentos de entusiasmo. Em 1977, a Índia registou uma colheita abundante. Com a melhoria da produção interna de alimentos e fertilizantes, a pressão sobre as importações destes produtos diminuiu 7% nesse ano. A Índia alcançou uma balança comercial excedentária pela primeira vez em muitos, muitos anos. Mais importante ainda, desde 1977, o país também se tornou autossuficiente em termos alimentares. Para uma nação pobre com uma população muito grande, este foi um grande feito. Desde então, a Índia nunca mais perdeu a sua autossuficiência alimentar. Assim, este foi o ano do grande afastamento do passado. (IndiaToday, 1977)

Quadro 8. Taxas médias de crescimento

Year	Average Growth Rates (in %)
1971-1975	2.324%
1975-1980	1.589%
1971-1980	2.224%

Fonte: Cálculos do autor; Dados: Componentes do Produto Interno Bruto (PIB) na Índia {(A Custo dos Factores) (1950-1951 a 2014-2015){ - Parte I, II e III; indiastat.com

2.5. Década - 1981 - 1990

A década de 1980 foi marcada por três anos consecutivos de seca nalgumas regiões. 1987, o último ano desse ciclo, foi um ano difícil para muitos Estados. Mas as chuvas do ano seguinte trouxeram uma colheita abundante e uma produção recorde. Assim, a taxa de crescimento decadal passou a ser de 3,5% ao ano (tabela 10).

Esta década conheceu também o efeito da segunda vaga da Revolução Verde. A produção de arroz registou um aumento. A revolução verde também se estendeu aos trópicos semi-áridos e aumentou a produção de outras culturas para além do trigo e do arroz. Durante este período, a principal fonte de irrigação na Índia passou da irrigação de superfície para a irrigação subterrânea (quadro 9). O facto de as pessoas começarem a cavar poços tubulares fez aumentar os rendimentos rurais. O governo concedeu subsídios para a escavação dos poços tubulares. Foi concedido um subsídio ao gasóleo para o funcionamento das bombas de irrigação. Isto permitiu que os agricultores produzissem culturas HYV mesmo em regiões secas. Começaram a estar disponíveis sementes híbridas de muitos cereais e até de legumes, flores e frutos. Assim, a Revolução Verde tornou-se simultaneamente extensiva (estendeu-se a muitos Estados e culturas) e inclusiva (até os pequenos agricultores começaram a beneficiar da tecnologia). Com o aumento da produção agrícola nestas zonas, a procura de mão de obra agrícola também aumentou. Assim, o rendimento da classe mais pobre também começou a melhorar.

Figura 5. Taxa de crescimento anual da agricultura (1981-90)

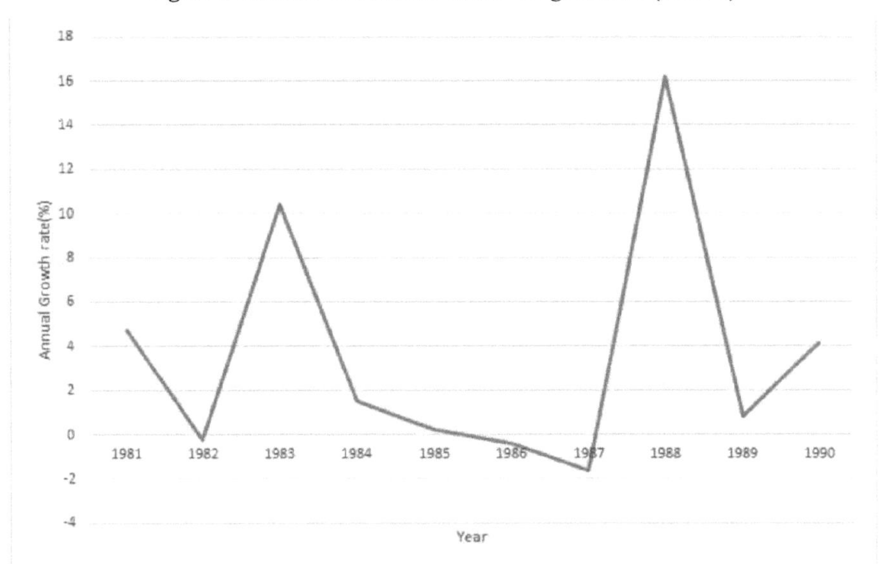

Fonte: Cálculos do autor; Dados: Componentes do Produto Interno Bruto (PIB) na Índia {(A Custo dos Factores) (1950-1951 a 2014-2015)} - Parte I, II e III; indiastat.com

Tabela 9. Fontes de irrigação

Year	Net irrigated Area(million ha)	Sources(% net irrigated area)				
		Canals	Tanks	Tube-wells	Other wells	Other sources
1960-61	24.80	10.04	4.6	0.2	7.2	2.4
1970-71	31.10	41.28	13.22	14.34	23.88	7.29
1980-81	38.72	39.49	8.22	24.62	21.08	6.59
1990-91	48.02	36.34	6.13	29.69	21.73	6.11
1995-96	53.01	32.04	5.81	33.52	22.16	6.47

Fonte: indiastat.com: Ministério da Agricultura, Governo da Índia

Para clarificar a mudança do padrão de irrigação, são apresentados alguns pormenores no Quadro 9. Este mostra que todos os tipos de fontes de irrigação aumentaram maioritariamente durante a primeira vaga da revolução verde. Durante a segunda vaga, as regiões semi-áridas começaram a cavar mais poços e, assim, a utilização de poços tubulares aumentou 20%. O aumento global da irrigação apresenta um padrão interessante: A irrigação por canal e a irrigação por poço escavado aumentaram 3 vezes, mas a irrigação por poço tubular aumentou quase 33 vezes. A irrigação por tanques continua a ser uma fonte negligenciada até à data.

Quadro 10. Taxas médias de crescimento

Year	Average Growth Rates (in %)
1981-1985	3.341%
1985-1990	3.820%
1981-1990	3.580%

Fonte: Cálculos do autor; Dados: Componentes do Produto Interno Bruto (PIB) na Índia {(A Custo dos Factores) (1950-1951 a 2014-2015){ - Parte I, II e III; indiastat.com

2.6. Década - 1991 - 2000

A Índia enfrentou uma crise económica no início da década. Tal como referido anteriormente, esta crise foi seguida pela introdução de reformas de ajustamento estrutural que afectaram quase toda a economia.

A fim de reduzir as despesas, o governo deixou de lado a agricultura e o desenvolvimento rural; o apoio e os subsídios aos agricultores foram drasticamente reduzidos. O investimento público em infra-estruturas agrícolas diminuiu significativamente. Esta situação conduziu a um declínio do crescimento agrícola durante esta década, que passou de 3,5% para 2,8% (quadro 11). Esta situação verificou-se apesar do facto de a década de 1990 ter registado muito poucas secas, ao contrário da década de 1980. As taxas de crescimento dos cereais alimentares abrandaram para cerca de 1% no final da década, o que fez com que a taxa de crescimento da população fosse superior à dos cereais alimentares. Como os relatórios descobriram mais tarde, os níveis de fome e de subnutrição foram elevados durante este período.

Quadro 11. Taxas médias de crescimento

Year	Average Growth Rates (in %)
1991-1995	2.376%
1995-2000	3.269%
1991-2000	2.823%

Fonte: Cálculos do autor; Dados: Componentes do Produto Interno Bruto (PIB) na Índia {(ao custo dos factores) (1950-1951 a 2014-2015){ - Parte I, II e III; indiastat.com

Figura 6. Taxa de crescimento anual da agricultura (1991-00)

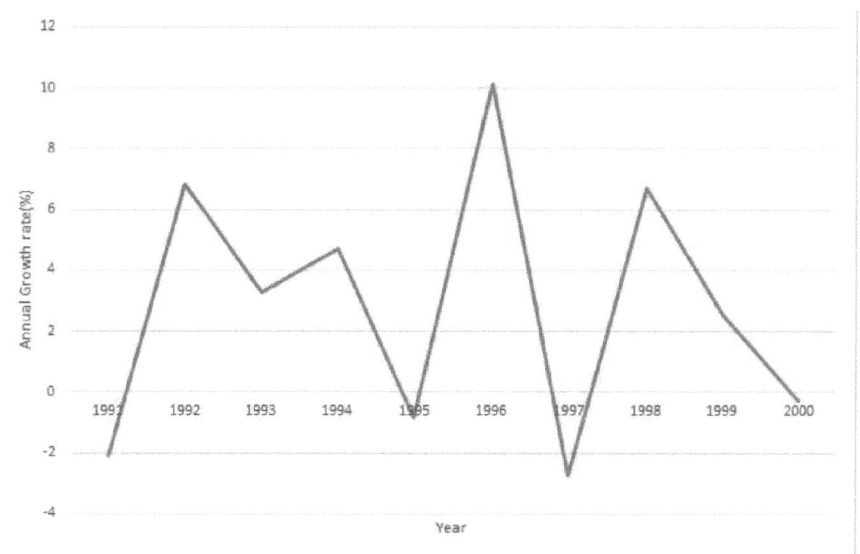

Fonte: Cálculos do autor; Dados: Componentes do Produto Interno Bruto (PIB) na Índia {(A Custo dos Factores) (1950-1951 a 2014-2015){ - Parte I, II e III; indiastat.com

2.7. Década - 2001 - 2010

O desencanto com estas políticas governamentais tornou-se muito elevado no início da década de 2000. O governo em exercício perdeu as eleições nacionais. Em 2004, um novo governo chegou ao poder com a promessa de que iria ajudar os agricultores. Assim, as políticas governamentais voltaram a centrar-se na agricultura. Os programas de desenvolvimento rural receberam um impulso. Os empréstimos bancários voltaram a ser facilitados e a agricultura começou a estabilizar-se. A taxa média de crescimento anual na segunda metade da década aumentou para 3,9% (quadro 12).

2002-03 e 2008-09 foram anos de seca que reduziram a produção agrícola. Foram especialmente afectados os cultivadores de leguminosas e de cereais grosseiros.

Esta foi a década em que se registou a introdução de culturas geneticamente modificadas na Índia. O algodão BT foi introduzido na Índia em 2002. Com o algodão BT, registou-se um aumento dramático da produção de algodão (figura 7). A Índia tornou-se um dos maiores produtores de algodão, à medida que a década avançava

Figura 7. Rendimento do algodão indiano kg/hectare

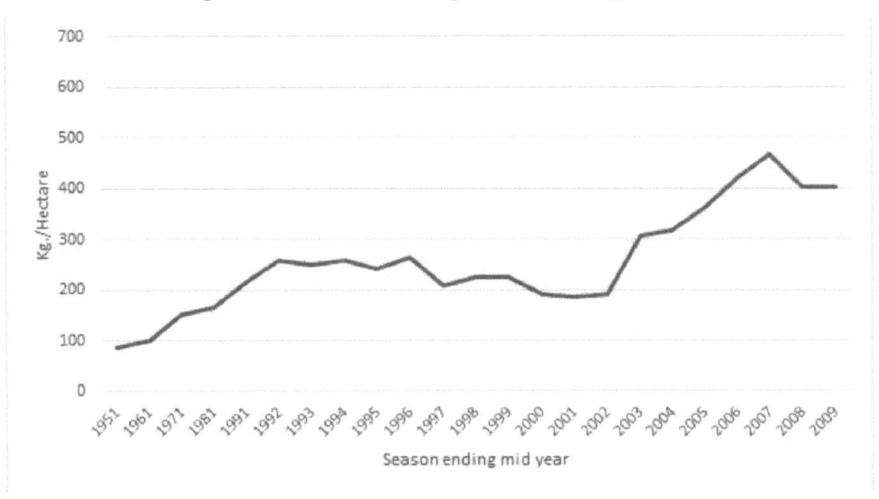

Fonte: indiastat.com: Ministério da Agricultura e do Bem-Estar dos Agricultores, Governo da Índia

Devido a um crescimento mais rápido noutros sectores da economia, a contribuição da agricultura para o PIB diminuiu para cerca de 20% e a mão de obra envolvida também diminuiu para 58%. Mas é importante notar que, enquanto sector, a agricultura estava a crescer. Além disso, a agricultura continuou a ser o sector mais importante em termos de emprego.

Quadro 12. Taxas médias de crescimento

Year	Average Growth Rates (in %)
2001-2005	2.843%
2005-2010	3.953%
2001-2010	3.259%

Fonte: Cálculos do autor; Dados: Componentes do Produto Interno Bruto (PIB) na Índia {(ao custo dos factores) (1950-1951 a 2014-2015)} - Parte I, II e III; indiastat.com

2.7 Conclusão

O crescimento agrícola do país entre 1951 e 2011 foi digno de nota. A produção de trigo aumentou 15 vezes, passando de 6,18 milhões de toneladas para 94,88 milhões de toneladas. A produção de arroz aumentou cinco vezes, passando de 21,3 milhões de toneladas para 105,3 milhões de toneladas. A produção total de géneros alimentícios também aumentou 5 vezes. A Índia tornou-se autossuficiente em termos alimentares nas primeiras três décadas após a independência. A autossuficiência em leite foi alcançada em 1998 e a Índia tornou-se o maior produtor de leite. A revolução branca não só aumentou a produção de leite como também proporcionou rendimentos e emprego a milhões de pessoas nas zonas rurais. A produção de oleaginosas, popularmente conhecida como Revolução Amarela, aumentou a produção de oleaginosas de 7,2 milhões de toneladas métricas para 29,7 milhões de toneladas métricas. A produção de pescado aumentou de 7,52 milhões de toneladas para 86,66 milhões de toneladas.

Embora estes números sejam impressionantes, a produtividade global da agricultura indiana continua a ser baixa em comparação com a de outros países. A agricultura indiana é também extremamente volátil (ao contrário dos países concorrentes) e, por conseguinte, não pode garantir uma subsistência estável. A maioria dos agricultores depende de outra fonte de rendimento, para além da agricultura, para garantir estabilidade e segurança. É necessário prestar mais atenção a este sector para o tornar dinâmico.

CAPÍTULO 3

3.0. INDÚSTRIA

Em 1948-49, os estabelecimentos industriais representavam apenas 6,6% do rendimento nacional total. Os têxteis de algodão e de juta eram as principais indústrias. Durante este período, o sector industrial empregava menos de 15% da força de trabalho, enquanto o sector agrícola empregava 71,8%. Após a independência, a Índia começou por utilizar o sector público como motor de crescimento das indústrias. Isto foi feito porque o sector privado carecia de capital. Mas, infelizmente, esta atitude foi acompanhada de falta de confiança nos empresários privados (Patnaik, 1979). Esta atitude conduziu a uma grande ineficácia do sector, devido exclusivamente a uma interferência indevida e excessiva do Estado.

3.1. DÉCADA 1951-60

O desenvolvimento industrial durante este período foi objeto de uma regulamentação rigorosa. A Resolução sobre a Política Industrial de 1948 reservou ao Governo Central o fabrico de armas e munições, a produção e o controlo da energia atómica e a propriedade e gestão dos transportes ferroviários.

Os Governos Central, Provincial e Estatal e outras autoridades públicas, como as Corporações Municipais, eram também exclusivamente responsáveis pela criação de novas empresas nos seguintes sectores:

1. Carvão
2. Ferro e aço
3. Fabrico de aeronaves
4. Construção naval
5. Fabricação de aparelhos telefónicos, telegráficos e sem fios, exceto aparelhos receptores de rádio
6. Óleos minerais

Por outras palavras, o sector privado foi proibido de entrar nestes sectores "para evitar uma concorrência desnecessária". Além disso, 18 indústrias de "especial importância do ponto de vista do investimento e das competências técnicas envolvidas" foram igualmente reservadas ao sector público. Trata-se dos seguintes sectores

1. Sal

2. Automóveis e tractores
3. Principais motores
4. Engenharia eléctrica
5. Outras máquinas pesadas
6. Máquinas-ferramentas
7. Produtos químicos pesados, fertilizantes e produtos farmacêuticos e medicamentos
8. Indústrias electroquímicas
9. Metais não ferrosos
10. Fabrico de borracha
11. Energia e álcool industrial
12. Têxteis de algodão e lã
13. Cimento
14. Açúcar
15. PapeleNovasimpressões
16. Transportes aéreos e marítimos
17. Minerais
18. Sectores relacionados com a defesa

As mercadorias especificadas na Import Trade Control Order, de 1955, não podiam ser importadas sem a obtenção de uma licença adequada das autoridades governamentais (Jain, 1968). Além disso, previa-se que, em caso de emergência, o governo tinha o poder de assumir o controlo de qualquer indústria importante para a defesa nacional (MSME, Government ofIndia)

No entanto, as bases para o desenvolvimento industrial em grande escala foram lançadas durante este período. Os dois primeiros planos quinquenais foram orientados para a indústria pesada, tendo sido dada prioridade ao desenvolvimento do aço, da engenharia pesada, das máquinas-ferramentas e das indústrias químicas pesadas. Em 1960, a Índia começou a produzir grandes quantidades de maquinaria, máquinas-ferramentas para a agricultura, a indústria e os transportes, equipamento elétrico pesado e instrumentos científicos. O sector industrial iniciou a produção de artigos complexos e variados como tractores, papel de jornal, motociclos, scooters, DDT, etc. (Comissão de Planeamento, 1st plano quinquenal)

A taxa de crescimento industrial para o primeiro plano quinquenal foi de 5,84% e para o segundo plano foi de 6,53% (quadro 13). Estas taxas de crescimento eram um começo impressionante para uma nação que estava a acordar dos grilhões do colonialismo após 200 anos.

Quadro 13. Taxas médias de crescimento

Year	Industrial Annual Growth Rate (%)
1951-55	5.84%
1955-60	6.53%
1951-60	6.111%

Fonte: Cálculos do autor; Dados: Componentes do Produto Interno Bruto (PIB) na Índia {(A Custo dos Factores) (1950-1951 a 2014-2015)} - Parte I, II e III; indiastat.com

3.2 DÉCADA 1961-70

O terceiro plano quinquenal foi introduzido em 1961 com o objetivo de alcançar um aumento do rendimento nacional de 5% por ano. Visava igualmente a expansão das indústrias de base, como a siderurgia, a indústria química, os combustíveis e a energia, bem como a criação de uma capacidade de construção de máquinas, de modo a satisfazer as futuras necessidades de industrialização. (Comissão de Planeamento, 3rd Plan)

No entanto, este plano não conseguiu atingir os seus objectivos devido a uma série de acontecimentos desagradáveis que ocorreram durante esta década.

A guerra sino-indiana de 1962 e a guerra indo-paquistanesa de 1965 desviaram a atenção para a produção de segurança e defesa. Seguiu-se uma grave seca nos anos de 1965 e 1966, tal como referido em secções anteriores. O efeito destes acontecimentos reflecte-se nas taxas anuais de crescimento industrial. A taxa de crescimento para 1965 e 1966 foi de 3,62% e 2,71%, respetivamente. O índice de produção industrial aumentou apenas 0,2% em 1966-67 e quase não se registou qualquer crescimento (0,5%) em 1967-68. Esta situação foi acompanhada por um aumento da capacidade não utilizada em muitas indústrias.

Há que assinalar uma evolução importante nesta década que teve um impacto draconiano na década seguinte. Em abril de 1964, o Governo da Índia nomeou uma Comissão de Inquérito sobre os Monopólios "para investigar a existência e o efeito da concentração do poder económico em mãos privadas". A Lei sobre as Práticas Comerciais Monopolistas e Restritivas (Lei MRTP), de 1969, foi promulgada com base na recomendação da comissão. A lei procurava controlar a criação e a expansão de todas as unidades industriais com activos superiores a um determinado limite. (Rajput, School of Open Learning). Muitos dos planos de crescimento industrial foram anulados por esta lei na década de 1970. As indústrias que podiam exportar não podiam exportar; as indústrias não podiam produzir mais, apesar de terem capacidade excedentária e de haver escassez no mercado para esses produtos.

O quadro 14 mostra que a primeira metade da década registou uma taxa de crescimento industrial média de 6,86%, que passou para quase metade na segunda metade da década. A metade da década de 1960 é geralmente considerada como marcando o fim da primeira fase de rápido crescimento industrial após a independência, a que se seguiu uma década de estagnação. (Surajit Mazumdar)

Quadro 14. Taxas médias de crescimento

Year	Industrial Growth Rate (%)
1961-65	6.86%
1965-70	3.93%
1961-70	4.813%

Fonte: Cálculos do autor; Dados: Componentes do Produto Interno Bruto (PIB) na Índia {(A Custo dos Factores) (1950-1951 a 2014-2015){ - Parte I, II e III; indiastat.com

3.3 DÉCADA 1971-80

Durante a década de 1970, o aumento dos preços da OPEP e o fornecimento inconsistente de petróleo foram um dos principais factores que levaram ao aumento da inflação na Índia. A inflação devastou a economia. Os preços dos géneros alimentícios e das matérias-primas industriais aumentaram. Os preços das máquinas, do equipamento de transporte e dos produtos manufacturados também aumentaram. As secas de 1972-73 foram seguidas de escassez de vários bens de consumo essenciais e de matérias-primas e factores de produção essenciais. As condições difíceis da economia mantiveram o crescimento industrial baixo: 2,5% em 1974-75 e 5,7% em 1975-76.

O valor das importações de produtos alimentares, de fertilizantes e de produtos petrolíferos representou 53,2% da fatura total das importações em 1974-75, contra 42,6% em 1973-74 e 23% em 1972-73. O défice comercial, que era excedentário em cerca de 100 milhões de rupias em 1972-73, passou a ser deficitário em 432 milhões de rupias em 1973-74 e em 1190 milhões de rupias em 1974-75. As taxas de crescimento industrial para os anos de 1972, 1973 e 1974 foram de 3,90%, 1,93% e 2,19%, respetivamente. Os sectores como os automóveis de passageiros, os bens de consumo duradouros e os têxteis de algodão registaram um declínio. Mas o aumento da produção foi observado em sectores como o aço, o carvão, o cimento, os metais não ferrosos e a produção de energia. (Comissão de Planeamento 5th Plan)

A Lei de Regulamentação Cambial (Foreign Exchange Regulation Act - FERA), de 1973, impôs uma regulamentação rigorosa sobre os pagamentos ao estrangeiro, as transacções em divisas e em valores mobiliários e as transacções. Esta lei, juntamente com a lei MRTP, foi designada por "Lei Draconiana", uma vez que impediu o crescimento e a modernização das indústrias ao limitar e restringir o investimento nacional e estrangeiro (Reserve bank of India, Exchange Control Manual). A corrupção atingiu níveis muito elevados durante este período, uma vez que todos os controlos estavam nas mãos dos funcionários públicos e dos políticos. O crescimento industrial indiano foi travado durante este período.

Apesar destas restrições, começaram a surgir indústrias de bens de consumo. A Índia começou a produzir ela própria a maior parte dos artigos de consumo. Tornou-se "autossuficiente" num grande número de produtos manufacturados.

As indústrias indianas foram objeto de políticas diferentes, consoante a sua dimensão. Enquanto as indústrias de grande escala eram objeto de um controlo excessivo, as indústrias de pequena escala eram apoiadas pelas políticas. A declaração de política industrial de 1973 reservou mais alguns artigos para as indústrias de pequena e média dimensão, para que não fossem afectadas pela concorrência das grandes indústrias. Nessa altura, a lista incluía mais de 500 rubricas em comparação com cerca de 180 rubricas anteriormente (Department of Industrial Policy & Promotion). A declaração sobre a política industrial de 1977 preparou o terreno para a criação de centros industriais distritais para o desenvolvimento de indústrias artesanais e de pequena escala. A Khadi and Village Industries Commission foi renovada. A entrada de pequenos e médios empresários foi incentivada em todos os sectores.

Ao longo dos anos, esta política conduziu a um aumento impressionante do número de unidades de pequena e média dimensão. A Índia tornou-se um dos poucos países com um número muito elevado de unidades de pequena dimensão. Estas tornaram-se a fonte mais importante de emprego nas indústrias e contribuíram também para uma proporção considerável das exportações de produtos manufacturados da Índia. No entanto, a Índia também acabou por ter o maior número de unidades de pequena e média escala doentes. Uma vez que o crescimento das indústrias de pequena escala foi promovido através da restrição da concorrência, muitos dos artigos reservados eram de qualidade inferior e tinham custos mais elevados. Havia muita ineficiência nos processos de produção.

Quadro 15. Taxas médias de crescimento

Year	Industrial Growth Rate (%)
1971-75	3.37%
1975-80	4.93%
1971-80	4.15%

Fonte: Cálculos do autor; Dados: Componentes do Produto Interno Bruto (PIB) na Índia {(ao custo dos factores) (1950-1951 a 2014-2015){ - Parte I, II e III; indiastat.com

3.4 DÉCADA 1981-90

A partir de 1984, a política industrial visava um afrouxamento gradual dos controlos e uma maior disponibilidade para importar tecnologia e capital privado estrangeiro para o progresso do sector transformador. Foram concedidas licenças e flexibilizados os controlos das importações. O crescimento das exportações industriais também melhorou na segunda metade da década de 1980, à medida que as restrições à importação passaram de quotas para tarifas. A taxa de crescimento industrial aumentou de 4,15% na década anterior para 6,43% na década de 1980 (quadro 16).

As indústrias baseadas no gás natural, no carvão e no petróleo, e mais particularmente os fertilizantes, os plásticos, as fibras sintéticas, a borracha sintética e outros produtos petroquímicos cresceram a um ritmo acelerado neste período. Assim, a expansão não se limitou apenas às empresas do sector privado. A indústria eletrónica registou uma forte expansão devido à elevada disponibilidade de pessoal tecnicamente qualificado (Comissão de Planeamento, 5th Five year Plan)

Também neste período se registou um grande crescimento das indústrias de bens de consumo. Nesta altura, tinham-se expandido para incluir artigos electrónicos como televisores e máquinas fotográficas e podiam produzir a baixo custo todos os pequenos artigos como canetas ou lanternas. Todos os artigos de uma loja de departamentos normal eram fabricados na Índia. A base industrial era ampla e podia satisfazer quase todas as exigências dos indianos. O único problema era a qualidade dos produtos. Não podiam competir nos mercados internacionais. Sobreviveram graças a uma economia fechada.

Quadro 16: Taxas médias de crescimento

Year	Industrial Growth Rate (%)
1981-85	5.58%
1985-90	7.28%
1981-90	6.43%

Fonte: Cálculos do autor; Dados: Componentes do Produto Interno Bruto (PIB) na Índia {(A Custo dos Factores) (1950-1951 a 2014-2015){ - Parte I, II e III; indiastat.com

3,5 DÉCADA 1991-2000

Como já foi referido, 1991 foi o ano em que a Índia abriu a sua economia. Em julho de 1991, foi anunciada a Nova Política Industrial da Índia (NIP), que visava a liberalização, a privatização e a globalização.

Isto significou uma redução dos requisitos de licenciamento, um acesso fácil ao investimento direto estrangeiro e às divisas. As indústrias reservadas ao sector público também foram reduzidas. Agora, apenas a energia atómica e os transportes ferroviários estavam reservados ao sector público.

Embora muitas restrições tenham sido eliminadas, o sector industrial, que estava quase totalmente protegido da concorrência externa durante as quatro décadas anteriores, foi subitamente exposto à concorrência estrangeira. A taxa média de crescimento anual da produção industrial, que era de 6,4% na década de 1980, caiu para cerca de 5% durante 1991-1994.

Devido à necessidade de reduzir as despesas públicas, o investimento público no sector industrial também diminuiu. O declínio no investimento público foi melhor captado pela queda no crescimento da capacidade de produção de eletricidade de 8-10 por cento na década de 1980 para 4-6 por cento na década de 1990. (Sharma, 2014)

Após uma contração prevista em resposta à crise dos pagamentos externos em 1991-92, a produção industrial recuperou em 1995-96 (quadro 17). A taxa de crescimento anual da produção de mais de 12% nesse ano foi talvez a mais elevada alguma vez registada na Índia. A forte retoma foi amplamente creditada às reformas políticas, com a expetativa de uma maior aceleração com mais reformas. A crise asiática de meados de 1997 abrandou o crescimento, mas este começou a recuperar em 1999.

Quadro 17: Taxas anuais de crescimento industrial

Year	Industry
1990-91	5.88%
1991-92	-0.25%
1992-93	3.12%
1993-94	7.23%
1994-95	10.41%
1995-96	12.97%
1996-97	7.73%
1997-98	2.20%
1998-99	3.50%
1999-00	5.21%
2000-01	6.00%

Fonte: Cálculos do autor; Dados: Componentes do Produto Interno Bruto (PIB) na Índia {(A Custo dos Factores) (1950-1951 a 2014-2015){ - Parte I, II e III; indiastat.com

3,6 DÉCADA 2001-10

A Lei da Concorrência foi aprovada em 2002. Substituiu a Lei dos Monopólios e das Práticas Comerciais Restritivas (MRTP) de 1969. Ao abrigo desta lei, a Comissão da Concorrência da Índia foi criada para promover a concorrência leal e impedir práticas que tenham um efeito adverso sobre a concorrência na Índia. A lei era muito mais favorável às indústrias do que a lei MRTP.

A Índia entrou num período de expansão durante a primeira parte desta década. O investimento direto estrangeiro na Índia cresceu quase 20 vezes entre 2000-01 e 2007-08. As indústrias cresceram consistentemente a 812% durante 2003-2008.

O ano de 2008-09 registou um abrandamento devido à recessão global e a taxa de crescimento industrial diminuiu para 4,29% nesse ano. A queda do crescimento industrial foi observada na maioria dos sectores da atividade industrial. O investimento direto estrangeiro tornou-se subitamente um défice em 2008-09.

Nesse ano, os investidores estrangeiros retiraram um montante enorme dos mercados de acções na Índia (Viswanathan, 2010). Mas a recessão também resultou numa taxa negativa de crescimento das exportações. O sector privado também se mostrou relutante em investir em novos empreendimentos e projectos. relutante em investir em novos empreendimentos e projectos. No entanto, o ano de 2009-10 registou uma retoma do crescimento industrial de 9,57% e de 8,85% em 2010-11.

Na viragem da década, parecia que a Índia estava a recuperar rapidamente da crise financeira. Contudo, a seca de 2009, seguida de chuvas irregulares em 2010, e o aumento da procura agregada mantiveram a inflação dos preços dos géneros alimentícios em dois dígitos. (Bhandari e Majhumdar, 2011)

Tabela 18. Taxa de crescimento industrial

Year	Industrial Growth Rate (%)
2001-05	6.83%
2005-10	8.94%
2001-10	7.88%

Fonte: Cálculos do autor; Dados: Componentes do Produto Interno Bruto (PIB) na Índia {(A custo de factores) (1950-1951 a 2014-2015){ - Parte I, II e III; indiastat.com

Figura 8: Taxa de crescimento anual da indústria (2001-2010)

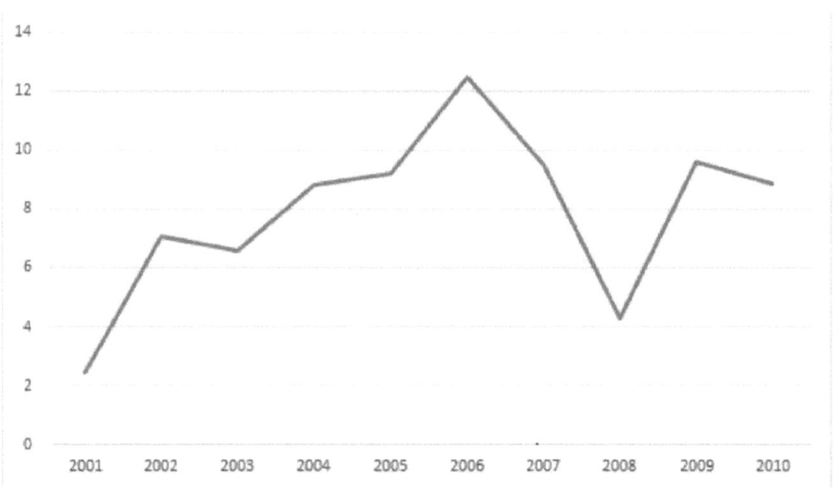

Fonte: Cálculos do autor; Dados: Componentes do Produto Interno Bruto (PIB) na Índia {(A Custo dos Factores) (1950-1951 a 2014-2015){ - Parte I, II e III; indiastat.com

3.7 A partir de 2011

Quadro 19: Taxa de crescimento industrial

Year	Industrial Growth Rate
2009-11	9.22%
2011-12	6.35%
2012-13	0.94%

Fonte: Cálculos do autor; Dados: Componentes do Produto Interno Bruto (PIB) na Índia {(A Custo dos Factores) (1950-1951 a 2014-2015){ - Parte I, II e III; indiastat.com

Depois de ter recuperado para uma média de 9,22% em 2009-11, o crescimento do valor acrescentado no sector industrial abrandou para 6,5% em 2011-12 e ainda mais em 2012-13. Os dados do CSO mostram que o baixo crescimento no sector da indústria transformadora durante 2011-12 foi principalmente impulsionado pela queda acentuada em grupos industriais como máquinas e aparelhos eléctricos (-22,2%), máquinas e equipamentos (5,9%), têxteis (-1,4%), vestuário (-8,5%), produtos químicos (-0,4%) e fabrico de mobiliário (-1,8%). Assim, em 2011, os principais subsectores da indústria transformadora registaram uma quebra. A única exceção foi o fornecimento de eletricidade, água e gás, que era controlado pelo governo. Com o aumento do investimento, este importante sector de infra-estruturas registou um aumento de 5% para 8% em 2011-12.

3.8. Conclusão

A filosofia do protecionismo conduziu à criação de uma estrutura industrial de base alargada na Índia, em que o país era capaz de produzir quase todos os produtos necessários aos sectores industrial e de consumo. No entanto, o mesmo protecionismo conduziu a ineficiências e à produção de bens de qualidade inferior. A Índia investiu não naquilo em que era melhor, mas em tudo aquilo de que necessitava. A desconfiança em relação a tudo o que era estrangeiro levou também a "proteger" as indústrias da sua "influência maléfica". Isto significava menos dinheiro para utilizar, porque apenas as poupanças nacionais podiam ser utilizadas para promover o processo de crescimento. A tecnologia utilizada também não era a melhor, porque não eram permitidas colaborações para o intercâmbio de tecnologias. Todos estes factores fizeram com que o crescimento industrial fosse lento. As indústrias transformadoras continuam a ser prejudicadas por leis laborais e empresariais restritivas. Em suma, há ainda muito a fazer para tornar o sector industrial indiano um sector próspero.

CAPÍTULO 4

4.0 Serviços

Nas primeiras três décadas (de 1950 a 1970) após a independência da Índia em 1947, a quota do sector dos serviços era reduzida e um grande número de serviços eram monopólios do Estado. Atualmente, este sector é o maior e o de mais rápido crescimento na Índia. É o segundo maior empregador a seguir à agricultura. A figura 9 mostra que a contribuição do sector dos serviços aumentou de cerca de 35% em 1960 para cerca de 59% em 2010, situando-se atualmente em cerca de 63% em 2016. Assim, os serviços geram quase dois terços do rendimento da Índia; a indústria e a agricultura, em conjunto, contribuem apenas com um terço do rendimento total.

A exportação de serviços tem desempenhado um papel importante no comércio da Índia. Passou de 16,8 mil milhões de dólares americanos em 2001 para 155,6 mil milhões de dólares americanos em 2014. Isto representa 7,5% do PIB. Este facto faz da Índia o 8º maior exportador de serviços do mundo. Em 2013, os serviços representaram 32% das exportações da Índia - uma percentagem superior à de muitos países avançados. (An e, Kocher, e Mishra, 2015)

Figura 9. Contribuição média dos serviços em cada década

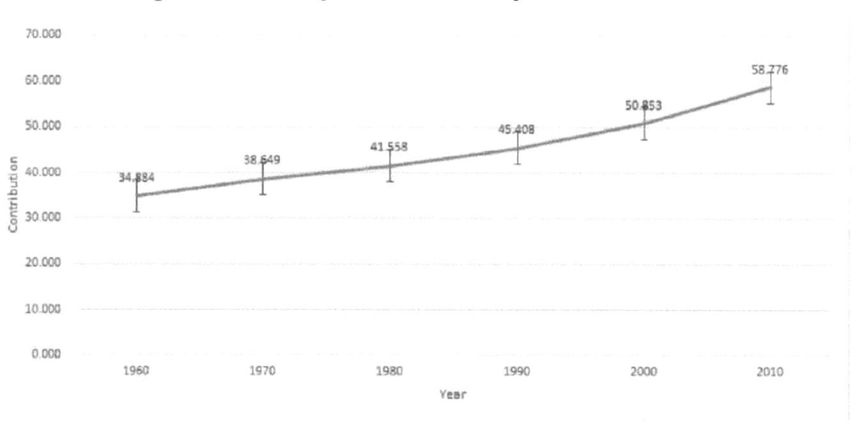

Fonte: Cálculos dos autores; Dados: Componentes do Produto Interno Bruto (PIB) na Índia {(A Custo dos Factores) (1950-1951 a 2014-2015)} - Parte I, II e III; indiastat.com

4.1 DÉCADA 1951-60

Em 1950, o comércio (25%) e as habitações (23,8%) representavam, em conjunto, cerca de metade do PIB do sector dos serviços. Os outros serviços importantes em termos de PIB eram a Administração Pública (9%) e a Recreação (5,4%). O sector financeiro estava na sua fase inicial (Pays, 2014). O quadro 20 mostra que o Comércio, a Hotelaria, os Transportes e as Comunicações registaram a taxa de crescimento média mais elevada da década. Os Serviços Especiais também conseguiram crescer de 3,29% para 7,29% do PIB do sector dos serviços. O sector dos serviços comunitários, sociais e pessoais também cresceu de 3% para 4,91%. No que respeita aos serviços financeiros, de seguros, imobiliários e às empresas, o crescimento registou-se, mas com muitas descidas.

Tabela 20. Sub-sector dos serviçosTaxa média de crescimento (em %)

Sub-Sector	Average Growth Rate (%)
Trade, Hotels, Transport & Communication	5.37
Financing, Insurance, Real Estate & Business Services	2.97
Community, Social & Personal Services	3.65

Fonte: Cálculos do autor; Dados: Componentes do Produto Interno Bruto (PIB) na Índia {(A Custo dos Factores) (1950-1951 a 2014-2015){ - Parte I, II e III; indiastat.com

Deve-se notar aqui que, embora houvesse uma visão clara sobre o desenvolvimento industrial nos períodos iniciais de planeamento, não havia um plano de visão integrado para o sector dos serviços. Infelizmente, esse vazio persiste até ao presente. O crescimento desordenado observado especialmente nos sectores da hotelaria e do comércio parece ter começado no primeiro plano e continua ainda hoje sem qualquer pudor.

Tabela 21. Serviços Taxa média de crescimento (em %)

Year(s)	Average Growth Rate (in %)
1951-1955	4.34%
1956-1960	4.77%
1951-60	4.423%

Fonte: Cálculos do autor; Dados: Componentes do Produto Interno Bruto (PIB) na Índia {(A Custo dos Factores) (1950-

1951 a 2014-2015){ - Parte I, II e III; indiastat.com

Mas, ao mesmo tempo, também é verdade que, como o sector dos serviços cresceu não devido ao impulso de alguém, mas devido a factores económicos endógenos, o seu crescimento foi uma resposta à procura. É isso que o torna atrativo - a sua existência prova a sua necessidade.

4.2 DÉCADA 1961-70

Com a criação de um número crescente de institutos, a procura nos sectores sociais começou a aumentar: A parte dos serviços de educação aumentou de 4,1% para 7,3% do PIB do sector dos serviços. Não dispomos de números exactos para os serviços de saúde, mas pensamos que também eles devem ter aumentado de forma consistente.

Uma economia em crescimento assiste sempre ao crescimento dos transportes - os bens a trocar são cada vez mais numerosos e, por conseguinte, a necessidade de os transportar aumenta. O crescimento do transporte rodoviário aumentou de 4,5 por cento em 1950-51 para 7,4 por cento do PIB do sector dos serviços em 1965-66. O sector bancário registou um aumento da taxa de crescimento de 2,4% para 3,3%. A lenta taxa de crescimento do sector bancário pode ser atribuída à prevalência dos prestamistas. medida que o seu domínio foi diminuindo, a taxa de crescimento do sector bancário aumentou.

No período de 1950 a 1966, o comércio, as habitações, a administração pública, os serviços de educação, os transportes rodoviários, os caminhos-de-ferro e os bancos contribuíram em conjunto para cerca de 80% do crescimento global do sector dos serviços. Destes, o comércio (30,5 %), as habitações (13 %) e a administração pública (13,3 %) foram responsáveis por mais de 55 % do crescimento do sector dos serviços. (Pais, 2014)

Tabela 22. Sub-sector dos serviçosTaxa média de crescimento (em %)

Year(s)	Average Growth Rate (in %)
1961-1965	4.95%
1966-1970	4.26%
1961-1970	4.489%

Fonte: Cálculos do autor; Dados: Componentes do Produto Interno Bruto (PIB) na Índia {(A Custo dos Factores) (1950-1951 a 2014-2015){ - Parte I, II e III; indiastat.com

4.3 DÉCADA 1971-80

O comércio, hotelaria, transportes e comunicações foi o sector que mais cresceu nesta década, com um aumento de 2% para 6% do PIB dos serviços. Seguiram-se os serviços, o financiamento, os seguros, os serviços imobiliários e empresariais e os serviços sociais e pessoais.

O financiamento, os seguros, os bens imobiliários e os serviços às empresas registaram uma queda de cerca de 4,5% para 2%, com um crescimento de quase 0% em 1974. A razão para esta queda pode ser atribuída à nacionalização dos 14 maiores bancos comerciais pelo Governo da Índia em 1969. No entanto, mais tarde, atingiram um crescimento de 8% em 1976, o mais elevado das três décadas anteriores. Este facto deveu-se à política do Reserve Bank of India: se um banco quiser estabelecer uma sucursal numa zona urbana, tem de estabelecer quatro sucursais em zonas rurais. Com o aumento do número de agências, a atividade começou também a crescer.

Tabela 23. Serviços Taxa média de crescimento (em %)

Year(s)	Average Growth Rate (in %)
1971-1975	4.20%
1976-1980	4.66%
1971-1980	4.501%

Fonte: Cálculos do autor; Dados: Componentes do Produto Interno Bruto (PIB) na Índia {(A Custo dos Factores) (1950-1951 a 2014-2015){ - Parte I, II e III; indiastat.com

4.4 DÉCADA 1981-90

O sector do financiamento, dos seguros, dos bens imobiliários e dos serviços às empresas foi o que mais cresceu nesta década, com uma taxa de crescimento média de 9,09%. Esta mudança pode ser atribuída à Lei de Desregulamentação das Instituições Depositárias e à Lei Monetária de março de 1980. Esta lei reduziu consideravelmente os obstáculos à entrada no sector financeiro, tendo-se verificado enormes ganhos nas principais áreas.

Importa igualmente referir que, em 1980, a economia indiana tinha atingido a maturidade. Era já uma economia com os seus três sectores fortes. Era uma economia estável, com bases amplas e sólidas. Uma economia numa fase destas exige serviços financeiros avançados, como os seguros e os serviços às empresas. Exige também uma gama de serviços para apoiar e manter a complexa rede de actividades económicas. Assim, o sector dos serviços estava a crescer rapidamente com base nas fortes forças económicas internas.

Outra mudança marcante que varreu a Índia na segunda metade da década foi a disseminação dos telefones. Até meados da década de 1980, obter um telefone implicava uma espera mínima de 2 a 3 anos. Os avanços na tecnologia das comunicações tornaram os telefones não só mais fáceis de obter, mas também permitiram que as cabinas telefónicas fossem alugadas a preços muito baixos pelo governo (as telecomunicações ainda eram um monopólio do governo). Em apenas três anos, quase todos os cantos da Índia dispunham de cabinas telefónicas para chamadas locais e STD. As chamadas para o estrangeiro podiam ser efectuadas marcando apenas números; não era necessário reservar uma chamada de tronco e esperar horas. A Índia registou um grande salto nos serviços de comunicação. As empresas ganharam um impulso com esta eficiência acrescida na comunicação.

Tabela 24. Serviços Taxa média de crescimento (em %)

Year(s)	Average Growth Rate (in %)
1981-1985	6.06%
1986-1990	6.43%
1981-1990	6.539%

Fonte: Cálculos do autor; Dados: Componentes do Produto Interno Bruto (PIB) na Índia {(A Custo dos Factores) (1950-

1951 a 2014-2015){ - Parte I, II e III; indiastat.com

4,5 DÉCADA 1991-00

"A contribuição do sector dos serviços foi muito significativa na década de 1990, não só registando um crescimento rápido (consistentemente superior a 6% desde 1992), mas também uma maior contribuição para o PIB (Hansda, 2001). Esta trajetória de crescimento tem sido designada por industrialização "liderada pelos serviços" ou mesmo por "revolução dos serviços" (Gordon e Gupta, 2004)

Com as mudanças estruturais, as políticas de liberalização e a abertura do mercado indiano, os sub-sectores do sector dos serviços atraíram o IDE, o que impulsionou o seu crescimento. A taxa média de crescimento do sector dos serviços aumentou para 8,06% em 1996-00. Em nenhuma outra década se registou um aumento tão acentuado da taxa de crescimento do sector dos serviços.

Os serviços bancários registaram um crescimento de 11,9% na década de 1980 e de 12,7% na década de 1990 (Gordon e Gupta, 2004). O comércio, a hotelaria e as comunicações registaram a maior contribuição em 1995, devido à liberalização das telecomunicações iniciada em 1994, com o sector privado a ser autorizado a oferecer serviços de telecomunicações. Os serviços de pager oferecidos por operadores privados começaram a tornar-se populares no período pós-1995. Os serviços móveis foram oferecidos a partir de 1995, mas eram caros e utilizados apenas pela elite.

Tabela 25. Serviços Taxa média de crescimento (em %)

Year(s)	Average Growth Rate (in %)
1991-1995	7.04%
1996-2000	8.06%
1991-00	7.623%

Fonte: Cálculos do autor; Dados: Componentes do Produto Interno Bruto (PIB) na Índia {(A Custo dos Factores) (1950-1951 a 2014-2015){ - Parte I, II e III; indiastat.com

4,6 DÉCADA 2001-10

O sector dos serviços cresceu muito rapidamente durante esta década. Exceptuando os primeiros três anos, a taxa de crescimento situou-se consistentemente entre 8-10%. Mesmo em 2008, quando o mundo inteiro estava a enfrentar uma crise, os serviços da Índia cresceram 9,6%. Além disso, nos seus subsectores, como finanças e seguros e serviços comunitários e pessoais, as taxas de crescimento foram de 12,02% e 12,52%, respetivamente.

A percentagem de entradas de IDE no sector dos serviços tem vindo a aumentar. De 1991 a 1999, ou seja, na primeira década após as políticas de liberalização, o sector dos serviços recebeu 22% do total de entradas de IDE. Em 2005-06, o IDE no sector dos serviços representou 24,72% do total dos fluxos de IDE e, em 2006-07, mais do dobro, ou seja, 49,36%. As razões para tal podem ser atribuídas ao progresso de subsectores como os serviços financeiros, de seguros e de TI. O sector bancário também cresceu com o aumento do número de bancos privados na Índia. (Sirhari e Bohra, 2011)

Tabela 26: Entradas nos subsectores dos serviços (agosto de 1991 a dezembro de 2002)

Sector-wise Inflows of Foreign Direct Investment Received in India (August, 1991 to December, 2002)										
										(Amount in Million)
									Total (1991-2002)	
Sector	1991-95	1996	1997	1998	1999	2000**	2001**	2002**	(In Rs.)	(In US$)
Telecommunications	1431.3	7529.76	11850	17410.18	2155.58	6855.41	42671.49	9090.7	98994.43	2384.07
Consultancy Services	0	0	0	5.82	214.19	209	2922.91	1003.04	4354.96	95.96
Services Sector	13221.49	10106.94	5411.44	7679.8	4023.82	1861.5	8202.24	15431.39	65938.62	704.39
Hotel & Tourism	762.39	444.29	1031.94	399.49	405.38	524	471.54	2237.89	6276.92	155.09
Trading (Whole sale Trading & Trading for Export)	3617.85	650.73	945.1	519.98	980.56	1239.79	2204.38	1824.16	11982.54	312.88

Fonte: SIA Newsletter 2002, Edição Anual, Ministério do Comércio e da Indústria, Governo da Índia & Volume anterior. - "https://www.indiastat.com/table/industries/18/sectorwiseforeigndirectinvestment/449572/106745/data.aspx"

A revolução dos telemóveis começou nesta década. Até os pobres começaram a ter telemóveis. Os telemóveis chegaram também aos cantos mais remotos da Índia. A Índia tem o segundo maior número de telemóveis em utilização, logo a seguir à China (Wikipedia)

Como mostra o quadro 26, as telecomunicações receberam a maior parte dos IDE no sector dos serviços. Seguiram-se os "serviços", que incluem a banca, a educação, os hospitais, a I&D, etc. Mas os destinos preferidos do IDE no sector dos serviços são as telecomunicações e os serviços financeiros. O comércio surge num distante terceiro lugar.

Tabela 27: Serviços Taxa média de crescimento (em %)

Year(s)	Average Growth Rate (in %)
2001-2005	9.03%
2006-2010	9.29%
2001-10	9.16%

Fonte: Cálculos do autor; Dados: Componentes do Produto Interno Bruto (PIB) na Índia {(ao custo dos factores) (1950-1951 a 2014-2015){ - Parte I, II e III; indiastat.com

4.7 A partir de 2011

A recessão atingiu a Índia em 2011. As taxas de crescimento vertiginosas de 8-10% terminaram com a década de 2000. A partir de 2011, o sector dos serviços tem crescido a cerca de 6,5% ao ano. Os bancos sofreram um grande golpe durante este período, com o aumento dos NPAs, graças a um grave abrandamento nas indústrias. O comércio também registou um declínio. O sector das TI sobreviveu, transferindo o seu comércio para outros parceiros, mas o crescimento foi afetado. No entanto, o sector dos telemóveis manteve-se dinâmico.

Resumo e conclusões

A economia indiana percorreu um longo caminho, passando de uma economia agrária para uma economia moderna. Atualmente, a Índia é a sétima maior economia do mundo em termos de PIB nominal. A Índia é a economia que regista o crescimento mais rápido do mundo, logo a seguir à China. Mostrámos como este processo de crescimento foi ajudado pela tecnologia - revolução verde e, mais tarde, revolução tecnológica no sector dos serviços. O caso da Índia também mostrou como o protecionismo levou a um crescimento muito mais lento, mas ao mesmo tempo foi capaz de gerar um sector industrial e de serviços de base ampla que proporcionou bases sólidas para uma economia estável. A economia indiana manteve-se à tona mesmo em períodos de recessão ou de ajustamento estrutural. No entanto, as empresas indianas devem orientar-se mais para a qualidade para se tornarem competitivas a nível mundial. A produtividade tem de ser melhorada nos três sectores.

A Índia tem um dos sectores de serviços com crescimento mais rápido do mundo. Como mostra o documento, o sector dos serviços começou a crescer antes do sector da indústria transformadora na Índia. Assim, a Índia saltou a segunda fase do desenvolvimento, em que o sector primário é substituído pelo sector secundário. Na Índia, o sector terciário tomou o lugar do sector primário; o sector secundário permaneceu abaixo do sector primário durante um período muito mais longo.

Teme-se que este desenvolvimento do sector dos serviços seja como uma bolha que pode rebentar a qualquer momento. Na nossa opinião, quando se regista um crescimento robusto desde 1971, dificilmente se pode falar de uma "bolha" que possa rebentar. Pelo contrário, o caso indiano prova que uma nação pode saltar um pouco uma fase do caminho do crescimento, ou seja, o crescimento do sector secundário, e continuar a prosperar.

Esta proposição é comprovada pela análise efectuada no presente documento. O resultado da equação de regressão multivariada utilizada para calcular a contribuição de cada sector ao longo de 60 anos mostra que a contribuição do sector dos serviços para o PIB líquido na Índia foi a mais elevada, seguida da agricultura e da indústria. Este padrão mostra que, para a Índia, a agricultura foi mais importante do que a indústria transformadora para o seu crescimento. Por outras palavras, o sector dos serviços cresceu mais com base no sector agrícola do que na indústria transformadora.

Isto contrasta fortemente com outras economias e teorias de desenvolvimento. A lição a retirar desta análise é que uma agricultura robusta pode também impulsionar o sector dos serviços e, consequentemente, a economia. Nem todas as economias precisam de passar pelas fases de crescimento previstas nos manuais.

A Índia moderna faria bem em aprender com isto e canalizar mais os seus recursos para a agricultura, em vez de se concentrar principalmente nas indústrias. O desenvolvimento da agricultura não só beneficiaria as massas que ainda estão empregadas no sector, como também daria um forte impulso ao crescimento do PIB.

A Índia deve também compreender que a sua força reside no sector dos serviços. Este sector tem uma enorme procura interna, contribui significativamente para as exportações e é um dos destinos preferidos dos IDE. A análise de risco apresentada no documento mostra que o sector dos serviços regista um crescimento mais estável do que os outros dois sectores. O vazio político no sector dos serviços nunca afectou o seu crescimento; este cresceu por si próprio. A Índia deve procurar claramente enriquecer o crescimento do sector dos serviços. Os IDE devem também ser incentivados a investir neste sector.

Referências

Bhandari Bornali e Majumdar Rumki, *"Inflation overthe decades"*, The Hindu Business Line, 2011.

Department of Industrial Policy & Promotion, *STATEMENT ON INDUSTRIAL POLICY*": http://dipp.nic.in/English/Policies/Industrial policy statement.pdf Gordon,James, and Poonam Gupta (2004), *"Understanding India's Services Revolution*", IMF Working Paper WP/04/171, September 2004.

Hansda, Sanjay K. (2001), "Sustainability of Services-led Growth: An Input-Output Analysis of Indian Economy, RBI Occasional Working Paper, Vol 22, No. 1,2 and 3 https://www.researchgate.net/publication/23744893 Sustainability of Services Crescimento induzido Uma exploração de entradas e saídas da economia indiana

Índia hoje (1977). *Palance of trade:Uma mudança notável*: 15 de agosto de 1977 http://indiatoday.intoday.in/story/indias-exports-showed-significant-increase-compared-to-world-trade-during-1975-76-and-1976-77/1/436024.html

Mazumdar, Surajit. *Growth and Structural Changes in Output in India since Independence: A Study Report*", Institute for Studies in Industrial Development, Nova Deli. http://isidev.nic.in/pdf/ICSSR SM.pdf

Ministério das Finanças, *"TheEconomyin 1972-73 -An overall view"*: http://indiabudget.nic.in/es1972-73/1%20The%20Economy%20in%201972-73 An%20Overall%20View.pdf .

MSME (Ministério das Micro, Pequenas e Médias Empresas), Governo da Índia, *INDIA S INDUSTRIAL POLICIES FROM 1948 TO 1991*": http://www.dcmsme.gov.in/policies/iip.htm

Pais,Jesim. 'Growth and Structure of the Services Sector in India ", Working Paper No.160, Institute for Studies in Industrial Development, fevereiro de 2014.

Patnaik, Prabhat. *Industrial Development in India since Independence (Desenvolvimento Industrial na Índia desde a Independência).* Social Scientist, vol.7, no.11, 1979, pp.3-19.

Comissão de Planeamento, Governo da Índia, *1º Plano Quinquenal*: http://planningcommission.nic.in/plans/planrel/fiveyr/1st/1planch29.html

Comissão de Planeamento, Governo da Índia, *"3rd Five YearPlan*": http://planningcommission.nic.in/plans/planrel/fiveyr/1st/1planch29.html

Comissão de Planeamento, Governo da Índia, *"5th Five YearPlan*": http://planningcommission.nic.in/plans /planrel/fiveyr/welcome.html

Rahul Anand, Kalpana Kochhar e Saurabh Mishra. *"Make in India: Which Exports Can Drive the NextWave ofGrowth?"* Documento de Trabalho do FMI, 2015

Rajput, Bhawna. "8.1 LIÇÃO 1 UNIDADE II POLÍTICA INDUSTRIAL", Material de Estudo 2, Escola de Ensino Aberto, Universidade de Deli: https://sol.du.ac.ln/mod/book/vlew.php?ld=1267&chapterld=945

Reserve Bank ofIndia, *"EXCHANGE CONTROL MANUAL, Foreign Exchange Regulation Act, 1975* ": https://www.rbi.org.in/scripts/ECMUserView.aspx?Id=21&CatID=12

S.N.Jain (1968), *"IMPORT TRADE CONTROL ININDIA"*, Journal of The Indian Law Institute, Vol 10,New Delhi.

Saha, Madhumita (2013). "*TheState, Scientists, andStaple CropsιAgricultural Modrmiatoon'in Pre-Green Revolution India.*" Agricultural History, vol.87, no.2, 2013, pp.201-223.

Sharma, Ravindra. *"Industrial Developmentopindia in Pre and PostRejoιx Period"*, IOSRJournal OfHumanities And Social Science (IOSR-JHSS), Volume 19, Número 10, Ver. IV (Out. 2014), PP 01-07.

Sirhari Arjun, Bohra Narendra (2011): "Investimento Direto Estrangeiro no Sector dos Serviços da Índia" in Revista Internacional deEconomia e Investigação, Volume 2, 2011, 2(2), 10-18

Viswanathan, K. G. *"The GlobalFinancial Crisis and its \mpacton India"*, Journal of International Business and Law, Volume 9, Número 1, 2010

Wikipedia: Lista de países por telemóveis em uso. https://en.wikipedia.org/wiki/List_of_countries_by_number_of_mobile_phones_in_use) World Population Prospects, the 2008 Revision. Nações Unidas, Departamento de Assuntos Económicos e Sociais (DESA), Divisão da População, Nova Iorque. Ver: www.unpopulation.org).

Anexo: Quadros de dados

Quadro 1: PIB líquido e por sector (montante em milhares de milhões de rupias)

Year	Agriculture	Industry	Service	Net GDP
1950	2620.11	763.02	1794.33	5177.46
1951	2660.93	803.12	1848.24	5312.29
1952	2756.81	813.55	1889.97	5460.33
1953	2985.11	862.61	1944.37	5792.09
1954	3070.92	927.92	2047.02	6045.86
1955	3035.85	1011.64	2171.46	6218.95
1956	3208.39	1092.67	2284.75	6585.81
1957	3055.72	1106.44	2335.9	6498.06
1958	3379.71	1173.95	2446.56	7000.22
1959	3338.77	1254.27	2572	7165.04
1960	3571.9	1385.3	2740.4	7697.6
1961	3568.34	1487.92	2882.41	7938.67
1962	3494.82	1597.59	3039.97	8132.38
1963	3569.23	1747.62	3238.18	8555.03
1964	3916.27	1861.66	3431.69	9209.62
1965	3440.79	1929.03	3540.99	8910.81
1966	3378.56	1981.37	3669.34	9029.27
1967	3913.98	2031.58	3822.36	9767.92
1968	3904.51	2135.38	3992.97	10032.86
1969	4169.84	2313.86	4190.16	10673.86
1970	4471.54	2335.45	4374.12	11181.11
1971	4371.76	2403.35	4520.41	11295.52
1972	4140.43	2496.67	4650.61	11287.71
1973	4461.27	2544.94	4756.72	11762.93
1974	4368.59	2600.82	4921.16	11890.57
1975	4957.16	2754.98	5280.2	12992.34

Year	Agriculture	Industry	Service	Net GDP
1976	4663.97	2988.53	5549.66	13202.16
1977	5183.92	3181.53	5850.97	14216.42
1978	5296	3453.52	6189.94	14939.46
1979	4605.35	3356.3	6283.78	14245.43
1980	5231.17	3489.66	6619.84	15340.67
1981	5477.75	3784.44	6965.34	16227.53
1982	5465.89	3892.2	7371.46	16729.55
1983	6034.86	4213.48	7791.15	18039.49
1984	6127.71	4389.08	8249.94	18766.73
1985	6143.63	4573.14	8869.78	19586.55
1986	6118.99	4859.52	9507.48	20485.99
1987	6017.95	5129.03	10107.27	21254.25
1988	6992.27	5611.13	10809.98	23413.38
1989	7049.93	6087.06	11755.14	24892.13
1990	7341.47	6495.35	12421.14	26257.96
1991	7186.08	6501.24	12978.76	26666.08
1992	7677.37	6707.69	13696.24	28081.3
1993	7927.45	7125.96	14638	29691.41
1994	8302.17	7817.05	15488.19	31607.41
1995	8233.7	8756.15	17009.92	33999.77
1996	9068.61	9367.01	18227.12	36662.74
1997	8819.63	9668.57	19872.53	38360.73
1998	9409.22	10042.64	21493.24	40945.1
1999	9649.08	10608.82	23860.79	44118.69
2000	9621.87	11247.08	25153.31	46022.26
2001	10219.72	11519.01	26838.91	48577.64
2002	9473.11	12332.31	28730.3	50535.72
2003	10407.15	13145.41	31123.01	54675.57
2004	10420.6	14307.11	33813.65	58541.36

Year	Agriculture	Industry	Service	Net GDP
2005	10974.83	15626.97	37544.75	64146.55
2006	11429.35	17576.02	41327.46	70332.83
2007	12120.36	19244.95	45586.17	76951.48
2008	12111.31	20071.43	49988.31	82171.05
2009	12187.02	21994.03	55107.66	89288.71
2010	13287.19	23941.87	60477.22	97706.28
2011	13973.74	25461.25	64412.71	103847.7
2012	14139.33	25700.47	68651.55	108491.35

Fonte: Componentes do Produto Interno Bruto (PIB) na Índia {(ao custo dos factores) (1950-1951 a 2014-2015){ - Parte I, II e III; indiastat.com

Printed by Books on Demand GmbH, Norderstedt / Germany